Wo kommt unser Essen her? by Julia Dürr
© 2020 Beltz & Gelberg, in the publishing group Beltz- Weinheim Basel
Korean Translation © 2021 by Woori School
All rights reserved.
The Korean language edition published by arrangement with
Julius Beltz GmbH&Co. KG through MOMO Agency, Seoul.

이 책의 한국어판 저작권은 모모 에이전시를 통해 Julius Beltz GmbH&Co. KG 사와의 독점 계약으로 ㈜우리학교에 있습니다.
저작권법에 의해 한국 내에서 보호를 받는 저작물이므로 무단전재와 무단복제를 금합니다.

우유 한 컵이 우리 집에 오기까지

율리아 뒤르 지음   윤혜정 옮김

우리학교

냠냠

우유

빵

생선

고기

사과

달걀

토마토

우리가 매일 먹는 음식

우리가 많이 먹든,   적게 먹든,   고기를 먹든,   채소를 먹든,   아이스크림을 먹든,

우리는 음식을 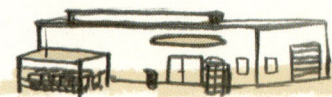 마트나  가게,

 혹은 시장이나  농장에서 삽니다.

이 음식들은 어디에서 왔을까요?

우리가 먹는 음식은 누군가가 기르고, 수확하고, 젖을 짜고, 포획하고, 굽고, 도축하고, 포장한 것입니다.

이 일은 공장에서 합니다.

공장들의 크기는 매우 다양합니다.

사람이 많지 않고, 기계도 별로 개발되지 않았을 땐 주로 작은 공장만 지어졌습니다.

지금은 몇 가지가 달라졌습니다. 사람들이 많아지면서 컴퓨터와 기계가 많은 일을 대신하고, 트럭과 비행기가 음식을 먼 곳까지 옮깁니다.

오늘날엔 큰 공장도 많습니다. 이 공장들이 대부분의 음식을 만들어요.

이 음식들은 어떻게 만들어질까요?

우유 | 목장

소가 송아지를 낳으면 우유가 나와요.

수컷 소의 정액을 암소에게 넣어 새끼를 가집니다. 초유 1ℓ는 송아지에게 먹여요.

소로 우유와 고기를 만들어요.

소는 약 10살까지 길러요.

소는 매일 약 20ℓ의 우유를 제공합니다.

뿔은 그대로 둡니다.

여름에는 소가 초원에 살아요. 우유를 짤 때 축사로 잠깐 가지요.

매일 아침과 저녁에 우유를 짭니다.

착유용 의자, 대팻밥, 착유기, 착유 작업자

우유 수송관

착유기

우유는 착유기로 짜서 우유 탱크로 보내요.

젖

소의 젖을 대팻밥으로 깨끗이 닦고, 우유 상태를 확인해요. 색이 좋고 덩어리가 없으면 소의 젖에 착유기를 채워요.

요즘 농장은 대부분 자동 착유기가 있어 우유를 자동으로 짜요. 그래서 작업이 간편해졌지요.

소는 여름에 초원에서 풀을 뜯어 먹어요. 초원에서는 소의 분뇨를 치울 필요가 없어요.

겨울에는 축사에서 건초를 먹어요. 축사는 매일 청소해야 해요.

우유는 목장에서 직접 팔거나……

다른 목장의 우유와 함께 유제품 가공업체로 보냅니다. 우유는 가공된 후 슈퍼마켓에서 판매됩니다.

우유 공장 | 우유

우유 공장에는 소가 아주 많아요.

우유를 최대한 많이 얻기 위해 젖소를 키워요.

뿔은 제거해요.

젖소는 우유를 제공합니다.

소는 5~7살까지 길러요.

공장의 젖소는 젖이 매우 커요.

그래서 하루에 우유가 약 30ℓ 나오지요.

젖소도 젖을 짜기 위해 먼저 송아지를 낳아야 해요.

회전 착유기는 원을 그리며 천천히 돕니다.

젖소는 하루에 두 번 회전 착유기로 갑니다.

소의 젖에 착유기를 채웁니다.

소들이 한 바퀴를 다 돌면 우유 짜는 일이 끝납니다.

축사마다 전동 솔이 있어요.

소는 솔질하는 것을 좋아해요. 기분이 좋은 소는 건강하고 우유도 많이 나오지요.

우유를 짜지 않을 때 소는 축사에 있어요. 축사에서 먹고 자고 똥도 싼답니다.

사료차

사료는 사료차가 가져옵니다.

분뇨 밀대가 분뇨를 치웁니다.

분뇨는 바이오가스 생산 시설에서 공장을 위한 에너지로 바뀝니다.

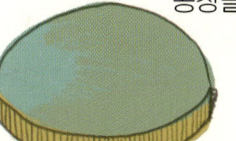 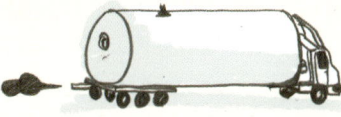  

운반된 우유는 유제품 가공 업체에서 가공되고 포장되어 슈퍼마켓으로 보내집니다.

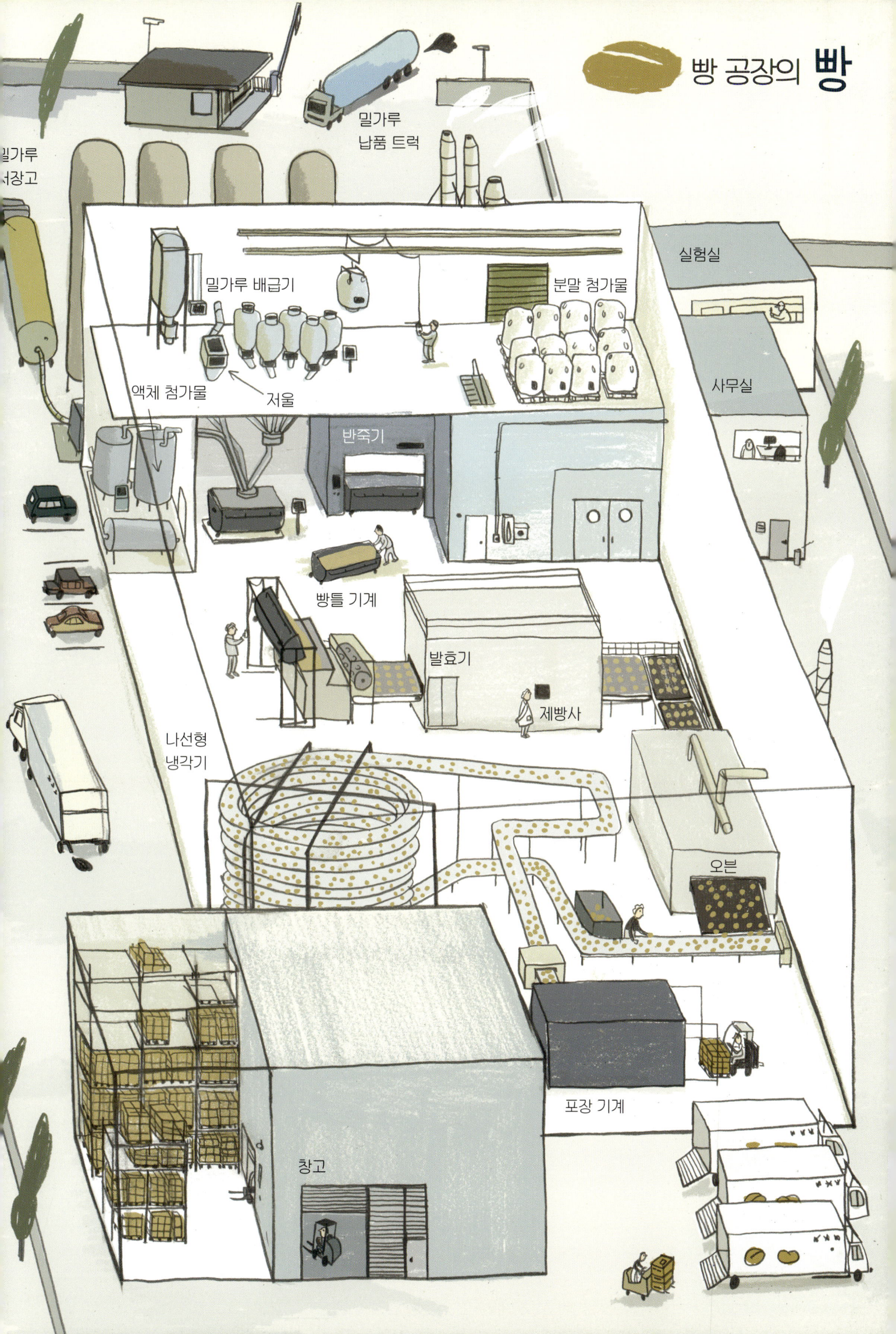

빵 | 빵집

빵집에서는 밤에 빵을 구워요.

바게트빵에는 밀가루와 물, 효모, 소금이 들어가요.

물

효모, 밀가루, 소금

재료들은 낮에 트럭으로 운반해 옵니다.

모든 재료는 반죽 솥에서 자동으로 반죽됩니다.

반죽을 나누고 무게를 잽니다.

매일 밤 다양한 빵과 쿠키가 만들어집니다.

크루아상을 만들 반죽은 파이 롤러로 얇게 밉니다.

빵틀 기계로 빵의 모양을 만듭니다.

빵을 굽기 전 발효기에 넣습니다. 효모는 따뜻한 발효기에서 반죽을 부풀어 오르게 합니다.

뜨거운 오븐에서 빵을 굽습니다.

다 구워진 빵은 오븐에서 꺼내 식힙니다.

빵은 상자에 담겨 빵집의 진열장으로 운반됩니다.

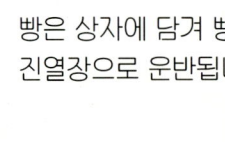

빵집이 문을 엽니다. 진열장에는 빵과 달콤한 쿠키가 가득해요.

사람들은 빵집으로 가지요.

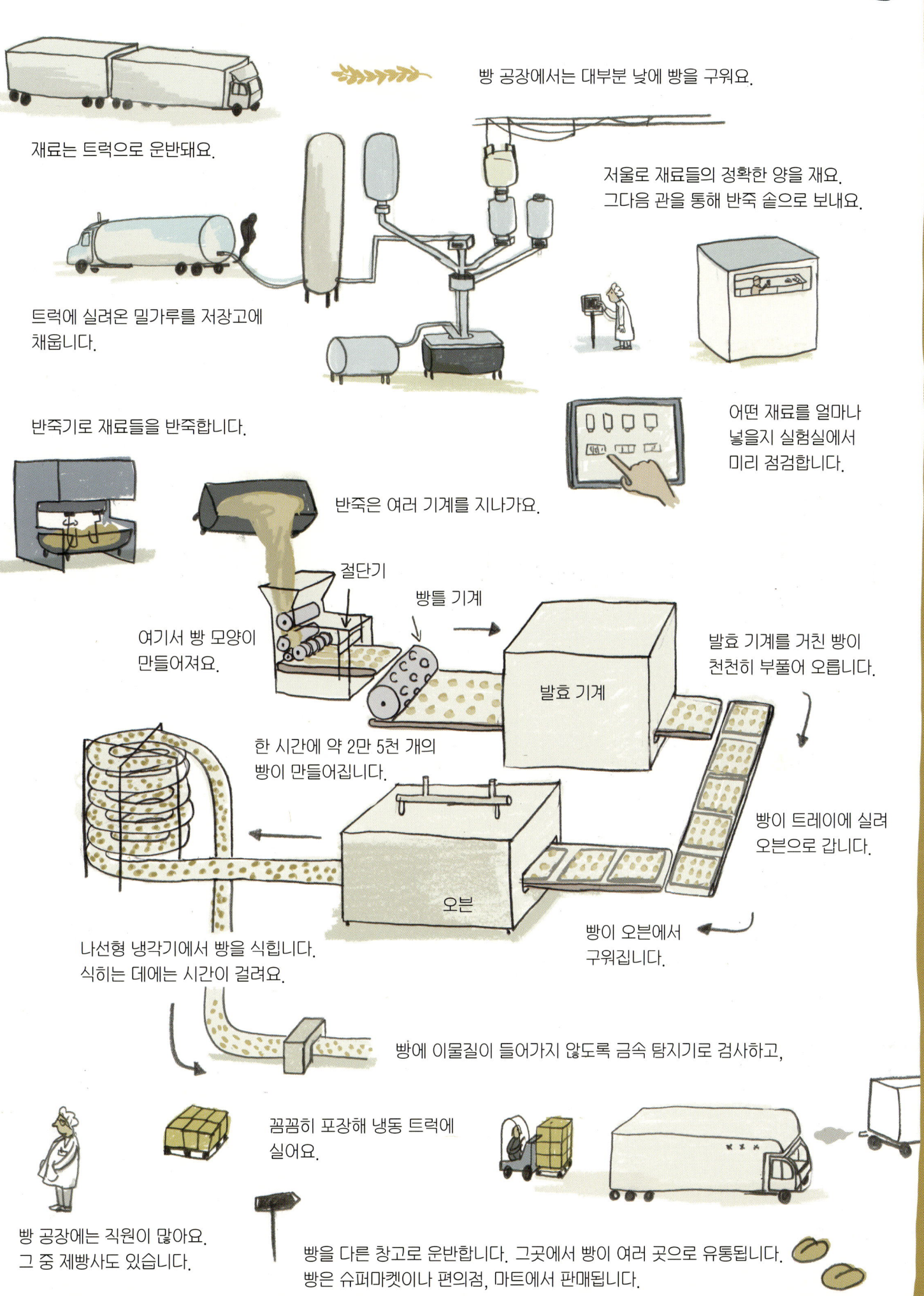

어선에 잡힌 생선

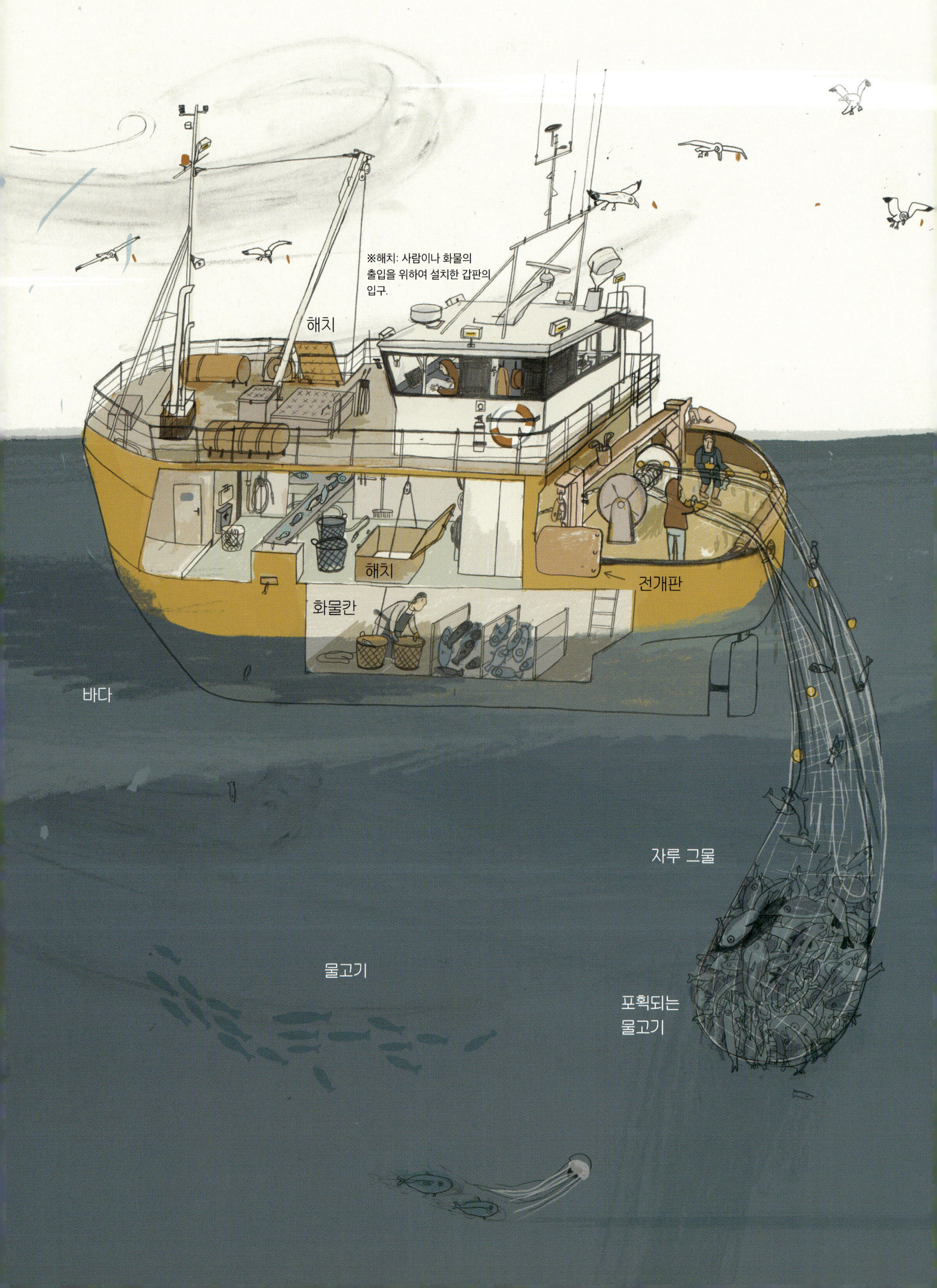

※해치: 사람이나 화물의 출입을 위하여 설치한 갑판의 입구.

해치

해치

화물칸

전개판

바다

자루 그물

물고기

포획되는 물고기

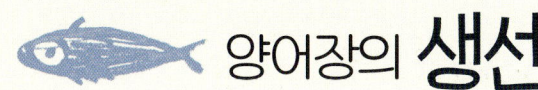

생선 | 어선

 물고기는 바다에 알을 낳아요.   작은 알들은 커다란 물고기가 됩니다.

 우리가 먹는 물고기는 대부분 몇 년 자란 물고기들이에요. 물고기는 자라면서 다른 물고기들을 잡아먹어요.

물고기는 그물로 잡아요. 작은 어선의 그물은 길이가 여객기 약 6대(약 6x60m) 정도예요.

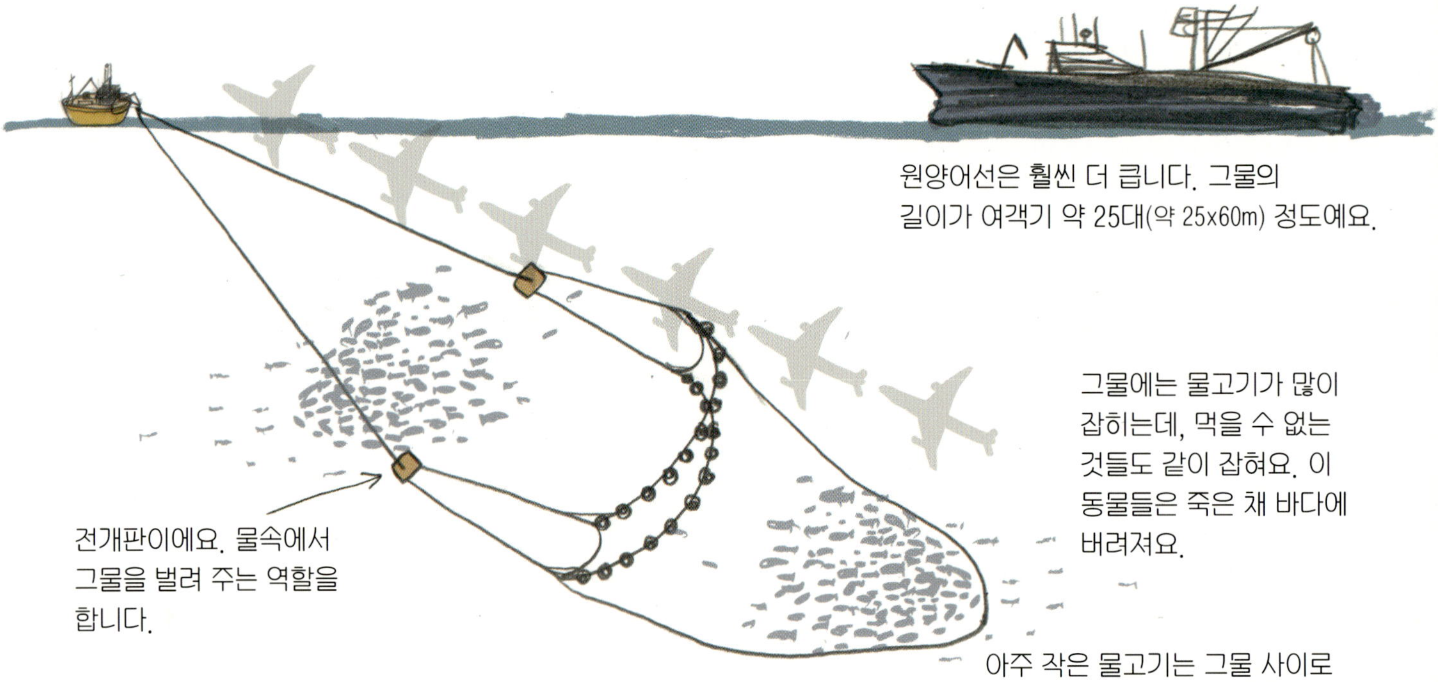

원양어선은 훨씬 더 큽니다. 그물의 길이가 여객기 약 25대(약 25x60m) 정도예요.

전개판이에요. 물속에서 그물을 벌려 주는 역할을 합니다.

그물에는 물고기가 많이 잡히는데, 먹을 수 없는 것들도 같이 잡혀요. 이 동물들은 죽은 채 바다에 버려져요.

아주 작은 물고기는 그물 사이로 빠져나옵니다.

물고기가 그물에 들어가면 그물을 끌어당깁니다.

해치 위에서 그물이 열립니다.

갑판 아래에서는 물고기를 분류하고 저장합니다.

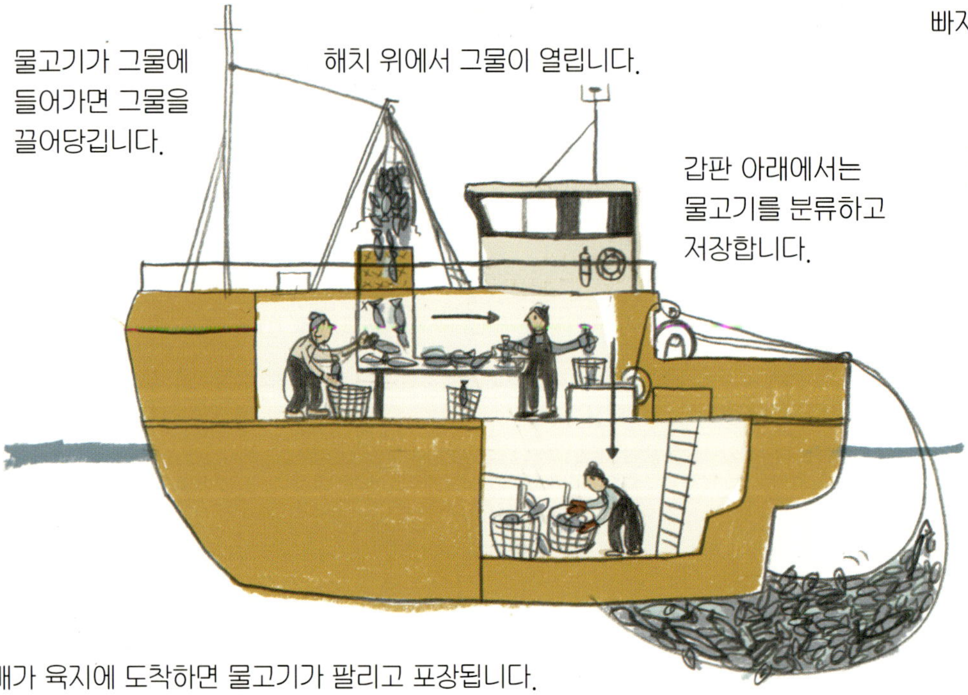

날씨가 좋을 때만 물고기가 잡히는 건 아니에요. 또 물고기 떼가 그물에 걸리기까지 오래 걸리기도 해요.

배가 육지에 도착하면 물고기가 팔리고 포장됩니다.

물고기는 차에 실려 슈퍼마켓으로 운반됩니다.

양어장 | 생선

양어장의 물고기는 수조에서 태어나요. 병에 걸리지 않도록 예방 주사도 맞습니다.

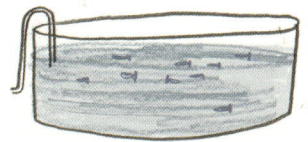  

물고기가 자라면 바다의 양어장으로 보냅니다.

양어장의 물고기는 바다의 물고기보다 크고, 빨리 자라고, 움직임이 느려요.

양어장의 물고기는 손이 많이 갑니다. 양어장의 물고기는 바다에서처럼 스스로 살아갈 수 없거든요.

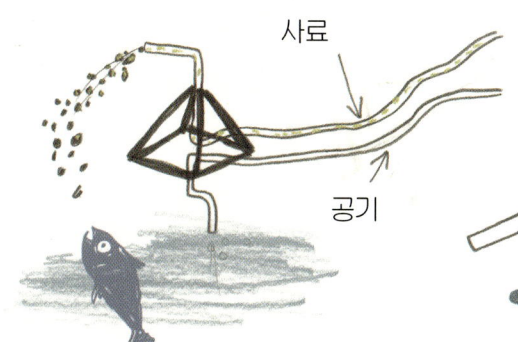

사료

공기

물고기에게 생선으로 만든 사료를 주고 공기도 따로 공급합니다.

물고기에게는 이가 자주 생겨요. 이는 물고기의 살을 파먹기 때문에 없애야 해요. 그래서 이를 먹는 다른 물고기도 양어장에 같이 넣습니다.

물고기의 몸집을 키우기 위해 생선을 아주 많이 먹여요.

생선 4kg을 먹이면 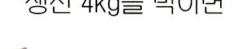 = 1kg을 찌울 수 있어요.

동물성 사료는 꽤 비싸요. 그래서 물고기에게 식물성 사료를 주기도 해요.

컴퓨터로 물고기의 상태를 관찰해요.

주기적으로 그물을 청소하는 배가 옵니다.

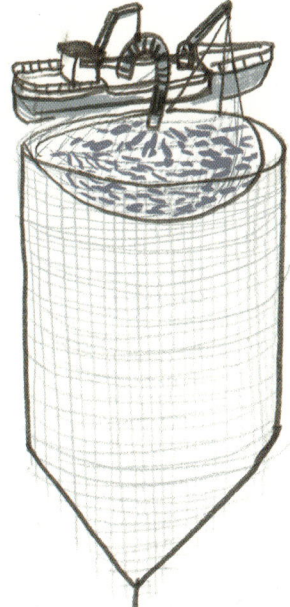

물고기가 자라면 배에 옮겨 실어요.

물고기를 호스로 빨아들여 배에 싣고 항구로 떠납니다.

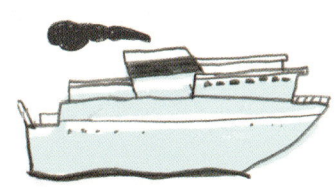

항구에서 물고기를 손질해 포장하고, 냉동한 다음 계속 운반합니다.

손질된 물고기는 슈퍼마켓으로 갑니다.

고기 | 농장

소시지, 돈가스, 고기구이를 위해 동물들은 도축됩니다. 돼지를 예로 들어 볼게요.

 돼지를 키웁니다.

정자
어미 돼지는 수컷 돼지의 정자로 새끼를 가져요.

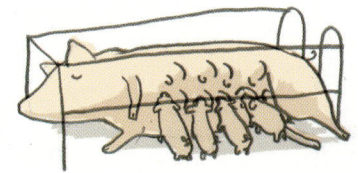

새끼 돼지는 5주가 되면 30~40kg이 되고, 사육용 우리로 가요.

잠자는 곳 장난감

돼지는 아주 깔끔한 동물이에요. 편안하게 지내려면 우리가 깨끗해야 해요.

우리에는 화장실로 쓸 공간과 잠자는 곳이 있어요. 그 옆에는 먹이와 물이 있어요.

화장실 먹는 곳

돼지는 건초와 짚, 곡물 가루를 먹어요. 짚은 놀거나 잠자는 용도로도 쓰여요.

돼지가 다 크면 도축장으로 보내요. 농장에 도축장이 함께 있기도 해요.

돼지를 도축하기 전, 기절시킵니다.

 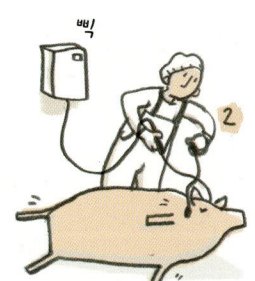 

머리에 집게를 대면 전기가 몸으로 흐릅니다.

이제 일이 빠르게 처리됩니다. 돼지의 목을 찌릅니다. 돼지는 피를 흘리고 죽습니다.

탕박을 거쳐 털을 제거합니다.

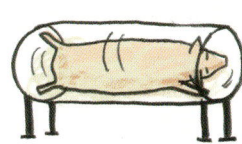 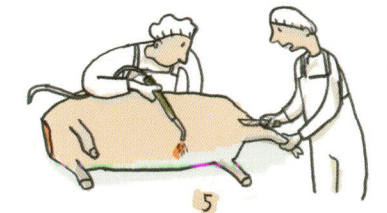 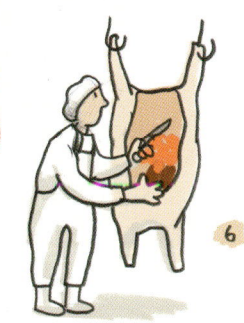

머리와 발, 꼬리를 제거합니다. 남은 털은 불로 태웁니다.

배를 가릅니다. 내장은 소시지를 만드는 데 씁니다.

톱으로 몸통을 나눕니다.

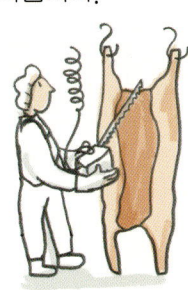 

수의사는 돼지의 뇌와 내장을 검사합니다. 이상이 없으면 고기와 내장을 정육점으로 보내요.

고기는 정육점에서 가공됩니다.

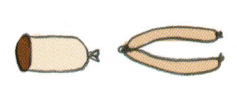

돼지고기는 정육점에서 소시지와 고기로 판매됩니다.

도축 공장 | 고기

도축장에서 도축되는 돼지는 크고 작은 농장에서 옵니다.

돼지가 다 크면, 트럭으로 운반됩니다.

귀의 표식은 돼지가 어디에서 왔는지 알려 줍니다.

도축장에 도착한 돼지는 대기 우리로 갑니다. 물과 장난감이나 음악은 돼지를 진정시키는 데에 도움이 됩니다.

한 무리씩 차례로 도축됩니다. 돼지들은 이산화 탄소가 가득 찬 마취 박스로 들어갑니다.

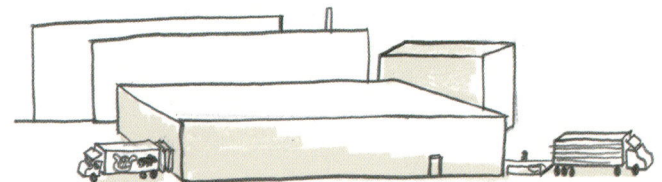 

돼지는 목을 찔리고, 피를 흘리며 죽습니다.

우리나라에서는 하루에 약 5만 마리가 도축됩니다.

돼지를 세척하고 털을 제거합니다.

배를 갈라 내장을 뺍니다. 돼지를 반으로 가릅니다.

  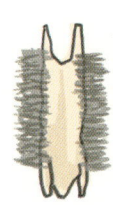 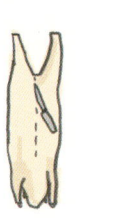  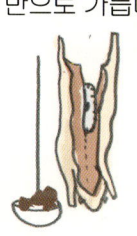 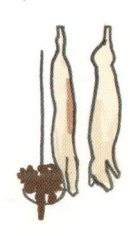

내장은 그릇에 담습니다. 고기에 이상이 없는지 내장을 검사합니다.

반으로 가른 몸통과 머리와 다른 부분들은 다음 공장으로 유통되고,

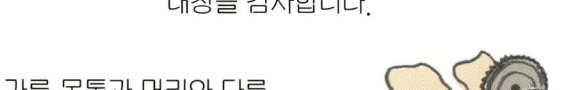

그곳에서 가공되고,

세제, 섬유 유연제

포장되어 슈퍼마켓으로 갑니다.

 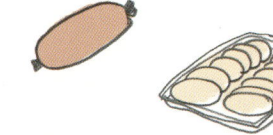

족발, 코

우리가 자주 먹는 부위는 수입하기도 합니다. 도축된 돼지는 의약품, 세제, 섬유 유연제, 젤리나 치약을 만드는 데에도 쓰입니다.

사과 | 농장

봄이면 과일나무에 꽃이 피어요.

꿀벌이 수술의 꽃가루를 암술에 옮겨 주면 수분이 되고, 꽃이 사과가 됩니다.

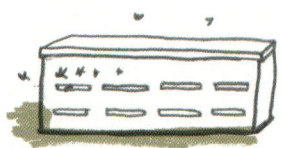

과수원에는 사과나무가 많이 있어요. 오래된 나무도 있고, 사과 종류도 다양합니다.

 꽃이 핀 과일나무가 없으면 꿀벌은 꽃밭에서 꿀을 찾아요.

과일나무 근처에는 동물들이 많이 살고 있어요. 해로운 동물도 있고 이로운 동물도 있어요.

사과는 모두 손으로 땁니다.

커다란 사과나무는 잎이 많아요. 잎은 우박과 뜨거운 햇볕으로부터 사과를 지켜 주지만, 수확할 때 방해가 되기도 합니다.

사과 속 벌레는 해충이에요.

해충은 꽃 냄새를 내는 방향 물질로 잡습니다.

익충을 풀어 놓기도 합니다. 익충은 해충의 알 속에 알을 낳아 부화를 막아요.

양은 풀을 뜯고 흙에 거름도 줍니다.

흙 속의 벌레는 중요한 동물입니다.

사과는 달걀만큼 민감해서 조심히 다뤄야 해요.

수확 자루

사과를 조심스럽게 상자에 담습니다. 그래야 사과에 멍이 들지 않아요.

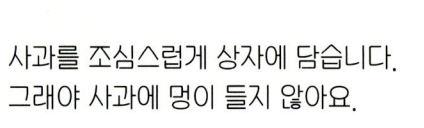

모양이 이상하거나 멍이 든 사과는 주스로 만듭니다.

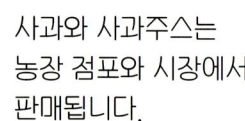

사과는 서늘한 창고로 운반됩니다. 사과가 창고에서 오랫동안 신선하게 보관되어서 우리는 일 년 내내 사과를 먹을 수 있어요.

사과와 사과주스는 농장 점포와 시장에서 판매됩니다.

과수원 | 사과

사과 농장의 사과나무에 꽃이 피면, 짧은 시간 동안 아주 많은 벌이 필요해요.

그래서 뒤영벌이라는 벌을 사 옵니다. 뒤영벌은 꽃가루를 옮겨 준 뒤, 꽃이 피는 다른 과일나무로 날아가요.

사과가 잘 자라도록 많은 일을 합니다.

그물은 우박을 막아 줍니다.

꽃을 솎아서 사과가 자랄 공간을 넉넉하게 만들어 줍니다.

꽃에 물을 뿌려 주면 서리로부터 보호할 수 있어요.

나무를 해충으로부터 보호하기 위해 살충제를 뿌립니다.

방향 물질을 두거나,

사과가 햇볕을 골고루 받도록 가지치기합니다.

맵시벌 같은 익충을 풀어놓아요.

큰 농장에서도 사과는 모두 손으로 땁니다.

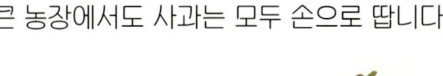

작은 나무에 열린 사과는 쉽고 빠르게 딸 수 있어요.

사과 수확을 위해 많은 사람이 필요해요. 그래서 수확철마다 노동자들이 옵니다.

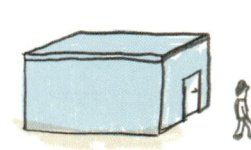

사과는 상자에 담겨져 선별기로 운반됩니다.

컴퓨터로 흠집이 있는 사과를 골라내고,

슈퍼마켓은 모양이 좋은 사과만을 골라 판매합니다.

크기에 따라 선별합니다.

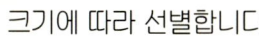

사과를 슈퍼마켓이나 가공업체로 운송해요.

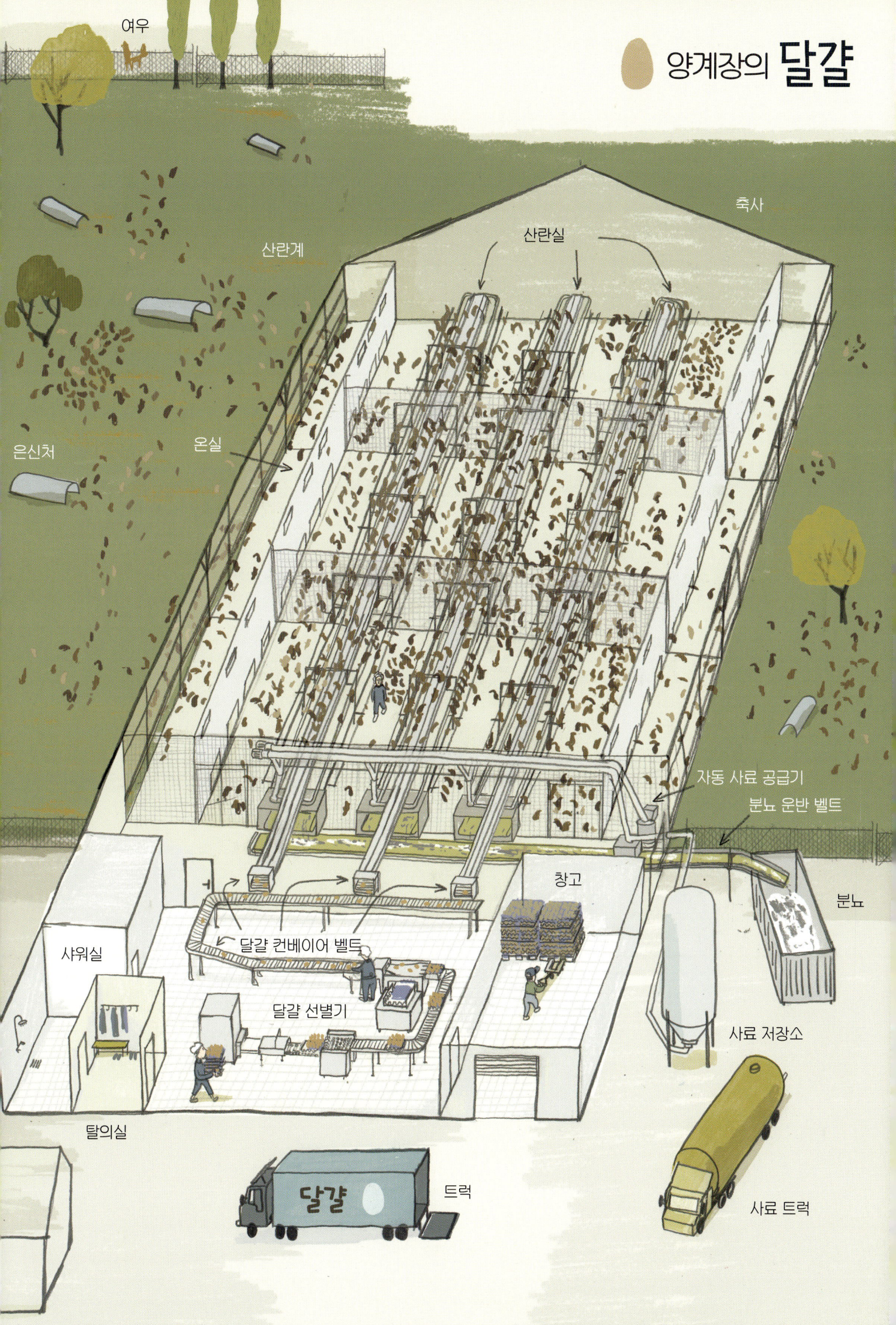

달걀 | 농장

 암탉은 달걀을 낳아요. 수탉이 수정시킨 달걀은 병아리로 부화해요.

  흰 닭은 흰 달걀을 낳고, 갈색 닭은 갈색 달걀을 낳아요.

 암탉은 수탉 없이도 달걀을 낳아요.

정확히 알고 싶다면, 귓불의 색을 보세요.

  어린 암탉이 트럭에 실려 농장에 옵니다. 이 암탉은 매일 알을 낳아요.

갈색 달걀

  암탉은 자동 사료 공급기로 사료와 물을 받습니다.

닭장의 불은 암탉의 낮과 밤을 조절합니다. 불이 켜지면 알을 낳고, 불이 꺼지면 잠을 잡니다.

닭은 잠을 자기 위해 최대한 높은 곳으로 날아 올라갑니다. 자연에서는 나무에 올라가지요.

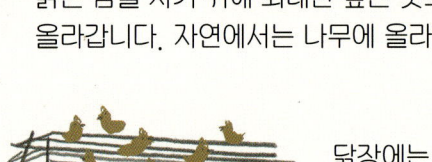 닭장에는 나무 대신 횃대가 있어요.

암탉은 달걀을 늘 안전한 곳에 낳아요.

암탉이 달걀을 산란 둥지에만 낳게 하기 위해 산란 둥지는 다른 곳보다 어둡게 합니다.

닭똥은 횃대 아래로 떨어져 쌓입니다. 닭장은 그렇게 해서 깨끗하게 유지됩니다.

 암탉은 땅바닥과 온실에서 모래 목욕을 합니다.

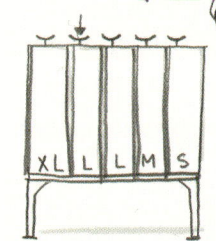 컨베이어 벨트는 달걀을 달걀 선별기로 이동시킵니다.

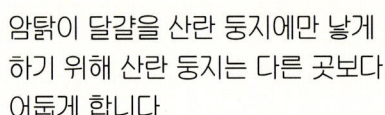 암탉이 13개월이 되면 달걀을 점점 더 적게 낳아요.

다시 달걀을 많이 낳으려면 암탉은 털갈이를 해야 합니다. 이 기간은 몇 주가 걸려요. 이 기간에 암탉은 털이 모두 빠지고 달걀을 낳지 않습니다. 그래서 암탉은 대부분 그 전에 도축되어 판매됩니다.

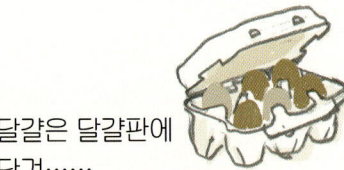 달걀은 달걀판에 담겨……

 매일 농장 점포에서 판매됩니다.

 그리고 다시 새로운 어린 암탉이 농장에 옵니다.

양계장 | 달걀

국수   소스   비스킷   케이크

달걀은 케이크, 빵, 국수, 소스나 비스킷 같은 다양한 식품에 쓰여요. 그래서 암탉은 달걀을 아주 많이 낳아야 하지요.

농장에서처럼 어린 암탉이 들어옵니다.

4개월 정도 된 어린 암탉이 사육 축사에서 상자에 담겨 들어옵니다.

수탉은 알을 낳을 수 없기 때문에, 대부분 병아리일 때 죽습니다.

암탉이 달걀을 낳도록 기르는 방식은 다양합니다.

| 닭장 | 축사 | 방사 가능한 축사 |

  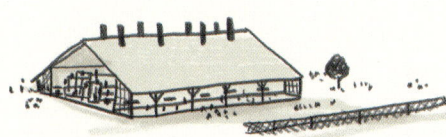

유기농 방식:
축사가 넓고 늘 방목을 해요. 그리고 목초를 먹여요.

대형 양계장에서는 암탉 수십만 마리가 매일 달걀을 낳아요.

사료는 컨베이어 벨트로 제공됩니다.

분뇨 운반 벨트는 분뇨를 밖으로 운반합니다.

한 마리라도 병이 나면, 모든 암탉에게 약을 주어야 합니다.

그래서 작업자는 늘 보호복을 입어요.

물   달걀 벨트

둥지에서는 7시에서 10시까지 달걀을 낳습니다.

달걀 벨트는 달걀을 선별기로 이동시킵니다. 그곳에서 각 달걀에 코드가 찍혀요.

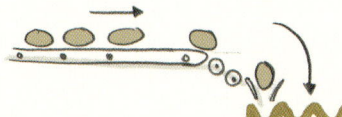  

달걀은 포장되어 슈퍼마켓에서 판매됩니다.

암탉은 생후 약 13개월 정도 되면 모두 도축됩니다. 도축된 암탉은 육수나 동물 사료로 가공되거나 수출되기도 합니다.

토마토 | 채소 농장

  토마토 씨앗 하나가 새 토마토로 자라요.

 식물이 꽃을 피웁니다.

토마토는 자가 수분을 합니다. 꽃 주변을 흔들어 주거나 곤충, 바람으로도 수분이 가능해요.

그러면 꽃에서 토마토가 자랍니다.

토마토는 종류가 아주 다양해요.

토마토는 햇빛을 많이 봐야 하고, 따뜻해야 하고, 비를 적게 맞아야 합니다.
날씨가 서늘한 나라에서는 토마토가 잘 자라도록 특별히 잘 돌봐야 해요.

처음 자라난 작은 토마토 줄기는 3월에 난방이 되는 곳에서 자랍니다.

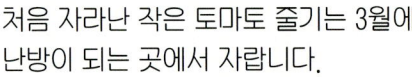

줄기가 약 15cm 자라면

비닐하우스나

온실로 옮겨 땅에 심어요.

식물에게는 흙이 매우 중요해요. 기름진 흙은 가을에 마련합니다.

2~3m

햇볕이 난방 역할을 해서 공기를 따뜻하게 합니다.

 흙에 퇴비와 닭똥을 섞습니다. 퇴비와 닭똥은 식물에게 중요한 영양분을 많이 가지고 있어요.

밤에도 온실 안은 밖보다 따뜻합니다.

끈은 줄기가 위로 자라도록 도와줍니다.

토마토는 위에서 떨어지는 물을 좋아하지 않아요. 물이 많이 필요하지도 않습니다.

물은 드리퍼라는 관으로 줍니다.

토마토를 수확합니다. 토마토는 날씨에 따라 7월에서 9월까지 3개월간 열려요.

토마토는 농장 점포나 시장에서 판매됩니다.

온실 | 토마토

2월에 토마토 묘목이 온실로 들어옵니다.

온실 토마토는 특히 높이 자랍니다.

약 12~18m까지 자라고,

8개월간 토마토가 열려요.

호박벌로 꽃을 수분시킵니다. 호박벌은 상자에 담겨 배송돼요. 온실에는 바람이 불지 않으니까요.

여왕벌 한 마리와 호박벌 150마리

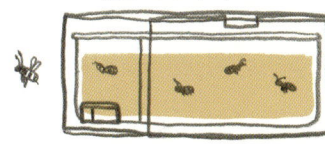

호박벌 상자

온실 토마토는 흙 대신 암면이나 야자수 껍질로 만든 블록에서 자랍니다.

온실 토마토는 날씨의 영향을 받지 않고 자랍니다.

토마토는 4월부터 손으로 수확하고,

잎은 제거합니다.

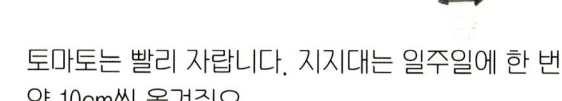

눈이 와도 토마토가 자라게 하기 위해 온실에 난방을 합니다.

토마토는 빨리 자랍니다. 지지대는 일주일에 한 번 약 10cm씩 옮겨줘요.

급수

 물의 양과 영양분, 환기, 온도는 컴퓨터로 조절합니다.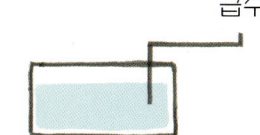

토마토는 창고에서 분류되어 트럭에 실립니다.

토마토는 트럭에 실려 슈퍼마켓으로 갑니다.

케첩과 토마토소스, 토마토퓌레도 만들어 팝니다. 이 토마토는 대부분 중국산으로, 난방이 없는 온실에서 자란 것도 있습니다.

11월에는 온실을 비우고 깨끗이 청소합니다.

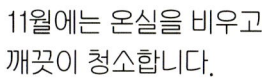   

2월에 새로운 토마토 묘목이 들어옵니다.

여러분이 먹는 음식은 어디에서 왔을까요?

식료품을 포장과 같이 자세히 살펴보세요.

우유팩에서 우유 짜는 기계를 볼 수 없고, 빵 봉지에서는 빵 공장을 볼 수 없어요. 포장의 그림은 음식이 어디에서 왔는지 알려 주지 않아요.

그렇지만 포장에는 작게 인쇄된 글자가 있어요. 숫자와 코드, 주소, 약어가 적혀 있지요.

 지금부터 탐정이 되어 볼까요?

웹사이트

기업의 웹사이트에 많은 정보가 있어요. 사진도 있고, 비디오도 있지요.
그 토마토가 어디에서 자랐는지 알아냈나요?

주소

라벨에 사과의 원산지가 적혀 있어요.

 그 사과는 얼마나 먼 곳에서 왔을까요?

포장에 QR코드가 있다면, 웹사이트에 접속할 수 있어요.

 이 생선이 양식장과 바다 중 어디에서 왔을까요?

원산지 표시

글자들은 우유와 생선, 소시지, 고기의 원산지를 알려 줍니다.

 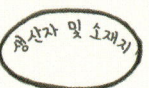 지금 원산지를 확인해 보세요.

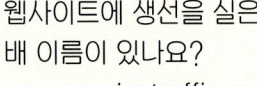

웹사이트에 생선을 실은 배 이름이 있나요?
www.marinetraffic.com에서 배를 찾아볼 수 있어요.

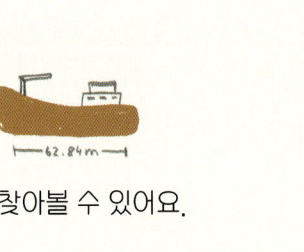

 여러분의 우유와 고기가 어디에서 왔는지 알아냈나요?

난각 표시

달걀에는 '난각 표시'가 찍혀 있어서 산란 일자와 사육 환경을 알 수 있어요. 기호의 의미는 www.foodsafetykorea.go.kr에 있어요.

앞 네 자리–산란 일자
가운데 다섯 자리–생산자 고유 번호
마지막 숫자–사육 환경 번호

1-방사
2-평사
3-개선된 케이지
4-일반 케이지

상표

이 빵 봉지에는 자세한 정보가 적혀 있지 않아요. 여러분의 빵은 어떤가요?

 음식이 어디에서 왔는지 언제나 쉽게 알아낼 수는 없어요.

 어디에서 왔는지 알아냈나요?

공장이 가까이 있다면, 공장을 방문해 볼 수 있어요. 공장을 견학하게 해 주는 날이 있을지도 몰라요.

 농장 점포 뒤에는 농장이 있어서 둘러볼 수 있기도 해요.

 빵 굽는 곳도 둘러볼 수 있을지 몰라요.

여러분이 직접 길러 보면 음식에 관해 아주 많이 배울 수 있어요.

베란다에 화분을 놓고 기를 수도 있고, 학교 화단이나 텃밭을 빌릴 수도 있어요.

맛있게 먹어요!

감사의 말

이 책을 위해 방문했던 공장들에게 감사합니다.
시간을 내주고, 둘러보게 해 주고,
설명해 주셔서 고맙습니다.
양계장을 방문하게 해 준 프륄라게 씨,
배너르트 사과 농장의 배너르트 씨 부부에게 감사하며,
푈 우유 목장, 베를린 판코프의 파브리크 빵집,
스위스 뮈제라허 농장의 알토르퍼 씨, "아난달레" 여러분,
돼지 네 마리를 도축하는 것을 보여 준
롤디스레벤의 바일레프 공장, 헤르차펠 농장,
대형 토마토 재배 공장을 견학하도록 안내해 준 브룬넨 씨,
양계장 방문을 주선해 주고 조언해 준
벨팅 씨에게 감사합니다.

조언해 주시고 도움을 주셨을 뿐 아니라 함께
생각해 주신 오버슈이르스 농장의
베버 씨에게 특히 감사드립니다.

그리고 카트린 필립과 한스 필립, 고마워요!